I0883307

¿QUIÉN PREPARÓ MI ALMUERZO?

DEL ÁRBOL A LA ENSALADA DE FRUTAS

POR MARI SCHUH · ILUSTRADO POR JEANINE MURCH

AMICUS ILLUSTRATED es una publicación de
Amicus Learning, un sello de Amicus
P.O. Box 227, Mankato, MN 56002
www.amicuspublishing.us

LIBRARY OF CONGRESS CATALOGING-IN-PUBLICATION DATA

Names: Schuh, Mari C., 1975- author. | Murch, Jeanine Henderson, illustrator.

Title: Del árbol a la ensalada de frutas / by Mari Schuh ; illustrated by Jeanine Murch.

Other titles: From grove to fruit salad. Spanish

Description: Mankato, MN : Amicus Illustrated, [2025] | Series: ¿Quién preparó mi almuerzo? | Translation of: From grove to fruit salad. | Audience: Ages 6-9 | Audience: Grades 2-3 | Summary: "A child wonders where fruit comes from and learns about farming oranges, apples, strawberries, and bananas and how they are packaged and transported to grocery stores. This illustrated narrative nonfiction book includes a world map of where these fruits are grown and a glossary, making it a great story to support farm-to-table education. Translated into North American Spanish"— Provided by publisher.

Identifiers: LCCN 2024020235 (print) | LCCN 2024020236 (ebook) | ISBN 9798892003681 (library binding) | ISBN 9798892003728 (paperback) | ISBN 9798892003766 (ebook)

Subjects: LCSH: Fruit—Juvenile literature. | Fruit salads—Juvenile literature. | Orchards—Juvenile literature.

Classification: LCC TX558.F7 S37818 2025 (print) | LCC TX558.F7 (ebook) | DDC 634—dc23/eng/

EDITORA: Rebecca Glaser
DISEÑADORA DE LA SERIE: Kathleen Petelinsek
DISEÑADORA DEL LIBRO: Kim Pfeffer

Impreso en China

PARA ELLA Y MAX—M.S.

ACERCA DE LA AUTORA

El amor de Mari Schuh por la lectura comenzó con las cajas de cereales en la mesa de la cocina. Hoy es autora de cientos de libros de no ficción para lectores principiantes. Vive en el Medio Oeste con su marido y su atrevido conejo doméstico. Las manzanas son la fruta favorita de Mari, mientras que los trocitos de plátano son los preferidos de su conejo.

ACERCA DE LA ILUSTRADORA

Jeanine Murch es una ilustradora enamorada del arte, los libros y los cuentos. Vive en Pittsburgh, Pensilvania, con su marido, sus dos hijos y el cachorro más mimoso del mundo, que inspiran su trabajo. Cuando no está haciendo arte, suele soñar despierta con su próxima aventura.

¡Tan sabrosa y dulce! Una ensalada de frutas es una parte saludable del almuerzo. Pero, ¿y si tuvieras que cultivar tú mismo las naranjas, las manzanas, las fresas y los plátanos?

Busca tu sombrero y vete a la cálida y soleada California. Allí se cultiva la mayor cantidad de naranjas de EE.UU. Como agricultor, necesitarás un gran huerto de naranjos y mucho tiempo. Un naranjo crece unos cinco años antes de dar fruto.

Después, la mayoría de las naranjas tardan entre seis y ocho meses en madurar. ¡Por fin! Estas naranjas navel están maduras. Recójalas a mano. Córtalas suavemente por el tallo. Luego mételas en bolsas y cubos.

A continuación, la planta de envasado. Aquí, las máquinas lavan, secan y clasifican las naranjas. Las cámaras toman fotos de cada naranja. Un trabajador revisa las imágenes. ¡Estas naranjas están sanas!

¡Hora de empaquetar! Máquinas y trabajadores empaquetan las naranjas en bolsas y cajas. Luego se envían a los supermercados para que la gente las compre y las disfrute.

A continuación, las fresas. ¡Buenas noticias! No necesitas irte lejos. Quédate en California y viaja a la costa. Allí encontrarás enormes campos de fresas que crecen todo el año. ¡Ponte un sombrero grande y empieza a recoger!

Mientras estás en el campo, pon las fresas en recipientes pequeños. No laves las fresas. El agua podría pudrirlas y ablandarlas.

Enfría las fresas para mantenerlas frescas. Llévalas a un centro de refrigeración, donde fuertes ventiladores soplan aire frío alrededor de las fresas. Luego entrégalas a los supermercados en camiones refrigerados. Tardan sólo unos días en ir del campo a la tienda.

¿Quieres manzanas rojas crujientes? Ve al norte. Viaja a Washington, donde se cultiva la mayor cantidad de manzanas de EE.UU. La tierra y el clima lo convierten en un lugar perfecto para los manzanares.

Hay que planificar con mucha antelación. Los manzanos empiezan a dar fruto a partir del tercer año. Las flores crecen en la primavera. Las abejas polinizan las flores. Luego, durante todo el verano, crecen las manzanas.

Agosto ya está aquí. ¡Es hora de cosechar! Las manzanas pueden magullarse fácilmente. Los trabajadores las recogen cuidadosamente a mano.

Entrega las manzanas a una planta de procesado. Allí, las manzanas se inspeccionan, lavan y secan. Se clasifican por tamaño y tipo. Una vez envasadas, los camiones las llevan a las tiendas de todo el país.

Por supuesto, querrás algunos plátanos. Al fin y al cabo, son la fruta más popular del mundo. Los plátanos crecen mejor en zonas tropicales. Compra un billete de avión a Guatemala. Es el mayor productor de plátanos de EE.UU.

Las plataneras crecen todo el año en las granjas grandes. Los plátanos necesitan tiempo para crecer. En nueve meses estarán listos para la cosecha. Utiliza un cuchillo grande para cortar los racimos de plátanos verdes sin madurar.

Lleva los plátanos a un almacén de empaquetado. Allí, los plátanos son inspeccionados y lavados. ¡Todos a bordo! Los barcos llevan los plátanos en un largo viaje. Los plátanos se mantienen frescos para que no maduren antes de tiempo.

El barco llega a un puerto, donde los plátanos se cargan en camiones. A continuación, se llevan a una instalación y se introducen en una sala sellada. Se bombea gas etileno para ayudar a los plátanos a madurar. En unos días, están listos para el supermercado.

Gracias a los fruticultores, los recolectores de fruta, los trabajadores de las fábricas y los camioneros, tienes un colorido bol de ensalada de fruta para disfrutar. Agarra un tenedor. !A comer!

¿DÓNDE SE CULTIVAN LAS FRUTAS COMUNES?

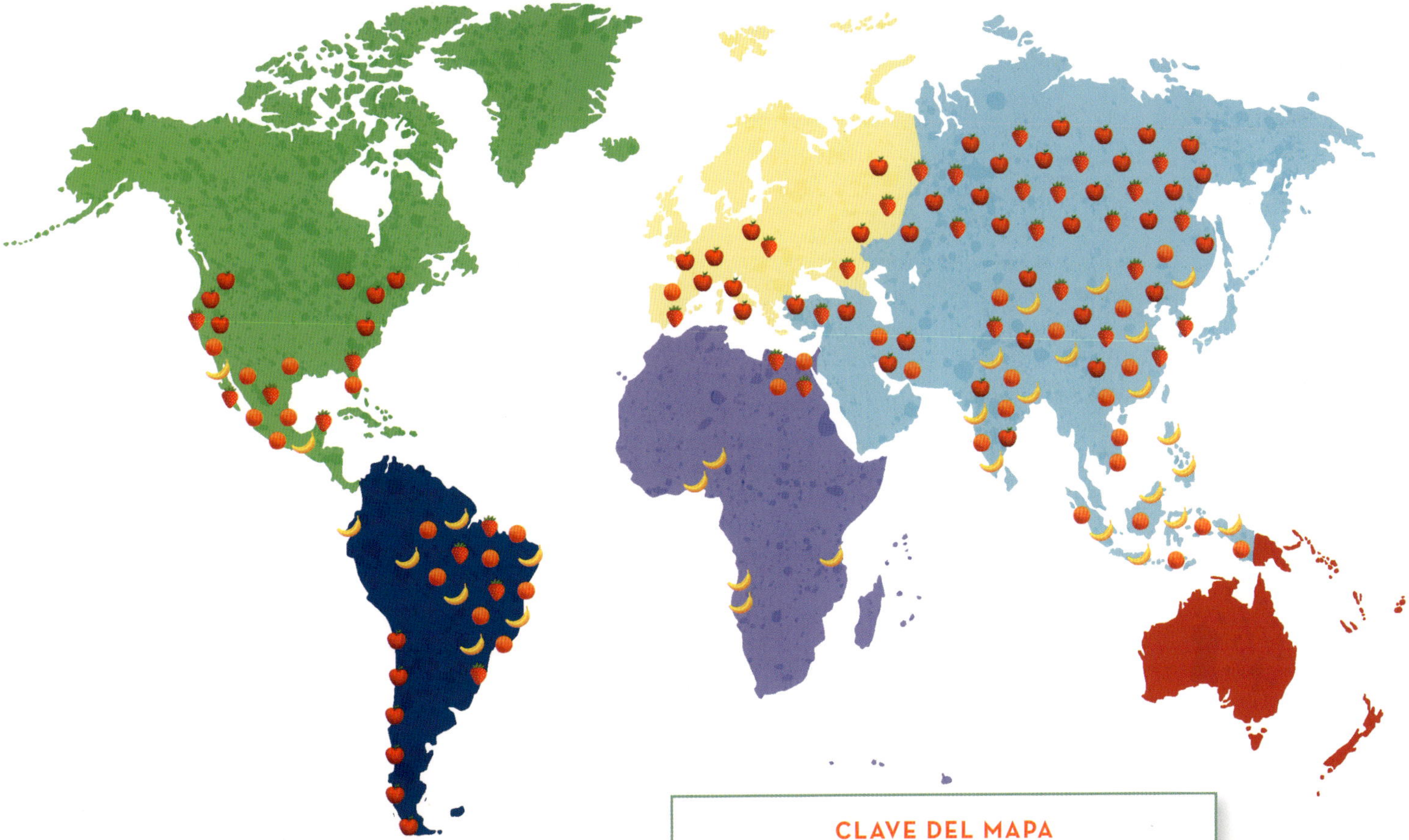

CLAVE DEL MAPA

- Zonas principales de cultivo de manzanas
- Zonas principales de cultivo de plátanos
- Zonas principales de cultivo de naranjas
- Zonas principales de cultivo de fresas

GLOSARIO

clima Tiempo que hace en un lugar durante un largo periodo de tiempo.

etileno Gas que se utiliza para madurar la fruta.

inspeccionar Observar algo de cerca y con cuidado.

instalación Edificio destinado a una determinada actividad, como inspeccionar o clasificar la fruta.

madurar Llegar a ser completamente adulto y listo para comer.

polinizar Trasladar el polen de una flor a otra, lo que ayuda a las plantas a crecer.

puerto Lugar al que van los barcos para cargar y descargar suministros.

tropical Tener un clima cálido y húmedo. Las zonas tropicales están cerca del ecuador.